E-CLIP ②

감성적 창의 주도성 향상 프로그램

인지를 깨우자

Cognition I

E-CLIP ②

감성적 창의 주도성 향상 프로그램

인지를
깨우자

Cognition I

초판 1쇄 인쇄 2022년 8월 8일
초판 1쇄 발행 2022년 8월 8일

지은이 송인섭
펴낸이 김선식

경영총괄 김은영
책임편집 박슬기 **디자인** 차다운 **책임마케터** 이석원
연구개발팀장 김재민 **연구개발팀** 박슬기, 차다운, 장민지, 조아리
콘텐트리팀 김길한, 임인선, 이석원, 윤기현
저작권팀 한승빈, 김재원, 이슬
재무관리팀 하미선, 윤이경, 김재경, 오지영, 안혜선
인사총무팀 김혜진, 황호준
제작관리팀 박상민, 최완규, 이지우, 김소영, 김진경, 양지환
물류관리팀 김형기, 김선진, 한유현, 민주홍, 전태환, 전태연, 양문현, 최창우

펴낸곳 다산북스 **출판등록** 2005년 12월 23일 제313-2005-00277호
주소 경기도 파주시 회동길 490
전화 02-704-1724 **팩스** 02-703-2219 **이메일** dasanbooks@dasanbooks.com
홈페이지 www.dasanbooks.com **블로그** blog.naver.com/dasan_books
다산전인교육캠퍼스 www.dasaneducation.co.kr
종이 IPP **인쇄** 민언프린텍 **제본** 국일문화사

ISBN 979-11-306-9109-1 (64370)
      979-11-306-9107-7 (세트)

감성적 창의 주도성 향상 프로그램

E-CLIP ②

Cognition I

인지를 깨우자

송인섭 지음

AI 시대 자기주도학습 세계적 권위자 송인섭 교수의 20년 연구 완결판!

다산스마트에듀

1. 송인섭 교수

세계적인 자기주도학습법 권위자인 송인섭 교수는 숙명여대에서 35년 간 교수로 재직했으며, 현재 동 대학교 명예교수이자 다산전인교육캠퍼스 원장을 맡고 있습니다. 또한 한국교육심리연구회 회장, 한국교육평가학회 회장, 한국영재연구원 원장과 AERA(American Educational Research Association)에서 발행하는 학술지의 논문심사위원을 역임했으며, 70여 권의 교육 저서를 집필했습니다.

송인섭 교수는 주입식 교육이 일반적이었던 한국 교육에 자기주도학습이라는 개념을 최초로 도입해 확산하였으며, EBS〈교육실험 프로젝트 - 스스로 공부하는 아이 만들기〉, 〈공부의 왕도〉, 〈교육 마당〉 등에 출연하여 자기주도학습의 효과를 입증하였습니다. 그리고 이 내용을 담은 《공부는 전략이다》는 부모 및 교육 관계자들에게 수십만 부 이상 판매되며, 교육계에 새로운 패러다임을 가져왔습니다. 이후로도 20여 년간 《공부는 실천이다》, 《와일드》, 《혼공의 힘》 등 교육 분야의 도서를 출간하고 자기주도학습 강연을 하며 한국 교육을 이끌고 있습니다.

또한 송인섭 교수는 다양한 학습 프로젝트를 수행하며 수십만 명이 넘는 학생과 학부모, 교사를 만나 자기주도적 공부 전략을 소개하고 상담했습니다. 이 과정에서 많은 아이가 공부에 실패를 겪고 상처받는다는 공통점을 발견하였습니다. 아이들은 자신에게 맞는 공부법만 찾으면 충분히 극복할 수 있는 문제임에도 해결 방법을 몰라 고민하고 있었습니다. 이들을 위해 송인섭 교수는 수십만 건의 실제 학습 문제 상황을 수집하고 연구하였습니다. 그 결과 자기주도학습을 바탕으로 각자의 상황에 맞춰 공부하는 힘을 기르는 새로운 학습 프로그램인 《E-CLIP》을 개발하였고, 이 프로그램을 여러 심리 센터에 적용해 높은 성과를 얻고 있습니다.

'**E-CLIP**(Emotional Creative Leadership Improvement Program)'은 실제 교육 현장에서 총 8,950명의 학습자를 대상으로 20년 동안 관찰과 실험, 상담을 통해 얻은 빅데이터로 개발한 '감성적 창의 주도성 향상 프로그램'입니다. 프로그램 연구와 개발에는 자기주도학습법 권위자 송인섭 교수와 다수의 교육심리학 전문 연구진이 참여했습니다.

2. 심리 검사 및 교재 연구

전문 연구 위원(가나다순)

- 김수란 우석대 교수
- 김희정 대구대 교수
- 성소연 호서대 교수
- 이희연 한국교육개발원 책임
- 정유선 아주대 교수
- 최지혜 을지대 교수

- 김누리 목포해양대 교수
- 남궁정 숙명여대 교수
- 안혜진 수원여대 교수
- 정숙희 숙명여대 교수
- 최보라 숙명여대 교수
- 한윤영 숭실대 교수

- 김은영 루터대 교수
- 박소연 숙명여대 교수
- 육진경 루터대 교수
- 정미경 한경대 교수
- 최영미 한경대 교수

3. 심리 검사 및 교재 개발

개발 총괄

- 김영아 다산전인교육캠퍼스 부원장

개발 위원

- 이상섭 건양대학교병원 의학과
- 최이선 닥터맘심리연구소 소장

E-CLIP

Emotional Creative Leadership Improvement Program

감성적 창의 주도성 향상 프로그램

4차 산업혁명 시대에 사회가 바라는 인재상과 역량은 기존과는 전혀 다릅니다. 현존하는 많은 직업이 인공지능(AI)으로 대체되고, 새로운 직업군이 만들어지는 등 직업의 개념이 바뀔 것입니다. 우리는 이런 변화에 대처하기 위해서는 자신만의 특성을 찾고 고유한 능력을 개발해야 합니다. 4차 산업혁명 시대를 대비해 '나는 누구인가?', '나는 어떤 능력을 준비해야 하는가?'에 대한 고민이 필요하며, 그 물음에 대한 해답이 바로 'E-CLIP'입니다.

'E-CLIP'은 자기주도학습의 최고 권위자 송인섭 교수와 수십 명의 연구진이 20년 동안 개발한 '자생력 기반 자기주도학습 프로그램'으로 학습자 고유의 감성적 창의성을 계발하여 스스로 자신이 처한 환경 전반을 이끌어 갈 수 있는 인재를 기르는 교육입니다. E-CLIP의 바탕을 이루는 '자생력(감성적 창의성)'은 하늘에서 뚝 떨어진 새로운 개념도 천재적인 번뜩임 같은 특출한 능력도 아닙니다. 누구나 교육으로 익힐 수 있는 능력입니다. '자생력(감성적 창의성)'은 공부의 기틀을 다지는 힘이며 이것은 기계와 차별화되는 인간만의 본성인 감성에 일상의 다양한 문제와 활동을 새롭게 배열하고 통합하고 연결하는 창의성을 더한 개념입니다. 즉, 인공지능에는 없는 인간다움, 인간만이 할 수 있는 능력인 생각하는 능력, 상상력, 문화, 예술, 철학, 역사의식, 신념과 꿈을 실현하려는 확고한 의지 등이 바로 '자생력(감성적 창의성)'입니다.

E-CLIP 학습자가 된다는 것은 첫째, 학습의 주도권이 외부 환경으로부터 학습자에게 옮겨오는 것을 뜻합니다. 학업 성취 수준과 관계없이 스스로 학습하는 습관을 형성하고 위기를 극복하는 내적인 힘을 키우는 것입니다. 이 내적인 힘은 학습자가 경험하는 다른 상황에도 전이되어 학습자의 내면적 성장을 돕습니다. 둘째, 학습 성향 진단을 통해 문제점을 보완하고 자신에게 맞는 방향을 찾아 잠재 능력을 개발할 수 있습니다. 셋째, 학습자들은 학습 행동을 주도하는 과정을 통해 학습 몰입 경험을 하게 되며 자기 생각을 표현하고 다른 사람과 소통할 수 있는 능력을 기르게 됩니다. 이렇듯 자생력을 기반으로 하는 E-CLIP은 자신의 목표와 가치를 온전히 펼칠 수 있는 최선의 방법이며 전인적 자아실현을 통해 행복한 삶의 길을 열어 줄 것입니다.

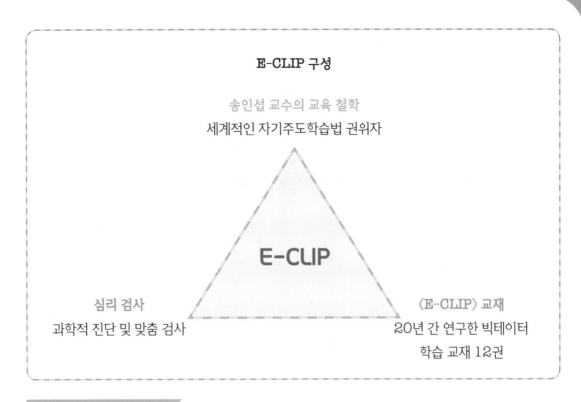

E-CLIP 구성

송인섭 교수의 교육 철학
세계적인 자기주도학습법 권위자

E-CLIP

심리 검사
과학적 진단 및 맞춤 검사

《E-CLIP》교재
20년 간 연구한 빅테이터
학습 교재 12권

송인섭 교수의 교육 철학

세계적인 자기주도학습법 권위자

송인섭 교수는 지나친 사교육으로 교육의 본질에 대한 심각한 문제가 대두되던 시기에 자기주도학습을 통해 한국 교육에 변화를 불러일으켰습니다. 그 후 수십 명의 전문 연구진과 교육심리학 이론을 배경으로 학습자들을 개별 관찰, 상담하며 학습자가 공부를 하는 이유와 배경이 무엇인지 찾는 과정에서 자생력이라는 개념을 새롭게 정의했습니다.

송인섭 교수의 교육 철학이 그대로 담긴 자생력은 인간만의 고유한 능력인 감성에 창의성을 겸비한 것으로, 심리학에서 가져온 개념입니다. 자생력의 뿌리가 되는 구성인자는 통찰력 있는 창의성, 통찰력 있는 융합, 통찰력 있는 리더십입니다. 통찰은 개개인의 능력이나 환경에 좌우되지 않고 경험의 축적과 노력 여하에 따라 향상될 수 있는 지극히 감성적인 요소입니다. 통찰 위에 창의적인 생각이 움트고, 정보와 지식을 연결하는 융합적 사고와 사회적 리더십을 발휘할 때 비로소 자생력이 완성됩니다.

이를 바탕으로 개발된 'E-CLIP'은 세계적인 자기주도학습법 권위자 송인섭 교수의 20년 연구 결정체입니다. 자생력을 과학적으로 측정하기 위한 심리 검사와 자생력을 증진하고 계발하기 위한 《E-CLIP》교재의 상호작용을 통해 학습자의 '공부하는 힘'을 향상시키고 있습니다.

과학적 진단 및 맞춤 검사

심리 검사는 학습자가 가지고 있는 '감성적 창의 주도성' 수준을 과학적으로 진단해서 현재 강점과 약점을 확인하는 도구입니다. 학습자의 특성을 정확하게 진단하고 이를 토대로 교육 프로그램을 이수하는 데 목적이 있습니다. 학습자는 심리 검사의 개인 맞춤형 성향 분석 및 결과를 바탕으로, 교육심리 전문가와의 1 대 1 상담을 통해 학습 문제를 이해하고 학습 방향을 설계할 수 있습니다.

검사는 종합적 자생력 검사 1종과 동기, 인지, 몰입, 자아존중감 등 개별 검사 5종으로 구성되어 있습니다. 동기 검사는 《E-CLIP》 1권, 인지 검사는 《E-CLIP》 2권과 3권, 동기 심화 검사는 《E-CLIP》 4권, 몰입 검사는 《E-CLIP》 5권, 자아존중감 검사는 《E-CLIP》 6권과 연결되어 있습니다. 그리고 종합적 자생력 검사는 《E-CLIP》 1~12권에 나오는 모든 특성을 점검할 수 있는 검사로, 《E-CLIP》 시작 전과 후에 각각 검사하면 학습자의 '감성적 창의 주도성' 변화를 알아볼 수 있습니다.

심리 검사 방법

심리 검사는 간편하고 빠르게 개인별 수준을 점검할 수 있는 'Short-Form 무료 검사'와 표준화된 검사 시스템인 'Long-Form 심층 검사'로 나뉩니다. 각 검사의 이용 방법은 아래와 같습니다.

Short-Form 무료 검사
다산전인교육캠퍼스 홈페이지(www.dasaneducation.co.kr)에서 PDF 다운로드를 통해 무료로 검사할 수 있습니다. 즉각적인 진단을 통해 바로 《E-CLIP》 학습을 원하는 경우에 추천합니다.

PDF 다운로드
www.dasaneducation.co.kr 접속 〉 심리 검사 〉 Short-Form 무료 검사

Long-Form 심층 검사
다산전인교육캠퍼스 홈페이지(www.dasaneducation.co.kr)에서 오프라인 심층 검사를 신청할 수 있습니다. 전문적인 검사로 학습자의 특성을 깊이 있게 파악하고, 전문가의 상담을 원하는 경우에 추천합니다.

신청 및 이용 방법
www.dasaneducation.co.kr 접속 〉 심리 검사 〉 Long-Form 심층 검사

《E-CLIP》 교재

20년 간 연구한 빅데이터 학습 교재 12권

　《E-CLIP》은 송인섭 교수가 전문 연구진들과 8,950명의 학습자를 대상으로 20년 간 연구한 결과물에 학습 만화 《who?》의 위인 이야기를 더해서, 쉽고 재미있게 감성적 창의 주도성을 높이는 학습서입니다. 본 교재는 1~12권으로 나누어져 있으며, 심리 검사 결과를 바탕으로 학습자 수준에 맞춰 권 별 집중 학습 및 개별 수업을 진행할 수 있습니다.

《E-CLIP》의 주제

권	주제	학습 목표	프로그램		
			학습 동기 향상 프로그램	학습 목표 향상 프로그램	진로 설계 향상 프로그램
1	동기	능동적 학습의 시작	1단계 집중 학습		
2	인지	자생적 인지 학습			
3	인지 심화	인지 능력 향상		2단계 집중 학습	
4	동기 심화	동기 향상 및 유지			
5	몰입	깊은 학습 몰입			
6	자아존중감	내면적 성숙			
7	창의성	창의성 계발			3단계 집중 학습
8	창의성 심화	창의성 학습 확장			
9	감성	감성 계발			
10	감성 심화	정서 발달 촉진			
11	사회성	사회성 계발			
12	사회성 심화	사회성 증진			

1. 도입

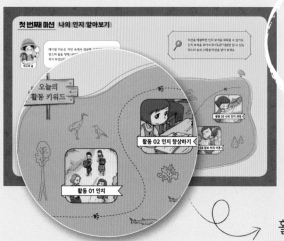

세계 위인과 함께 떠나는 탐험 미션입니다.
미션 속 5가지 활동을 키워드로 살펴봅니다.

활동 키워드로 미션 시작하기

2. 활동

위인 이야기로 활동 알아보기

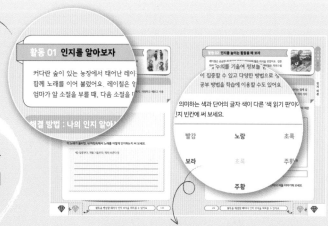

이야기로 흥미를 유발하고, 활동 문
제를 풀면서 E-CLIP 개념을 내재
화합니다.

E-CLIP 개념으로 활동 문제 풀기

3. 평가

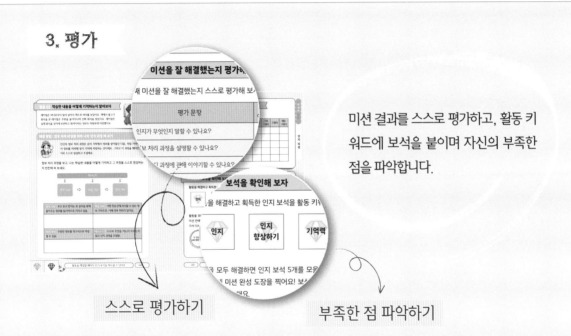

미션 결과를 스스로 평가하고, 활동 키워드에 보석을 붙이며 자신의 부족한 점을 파악합니다.

스스로 평가하기

부족한 점 파악하기

4. 적용

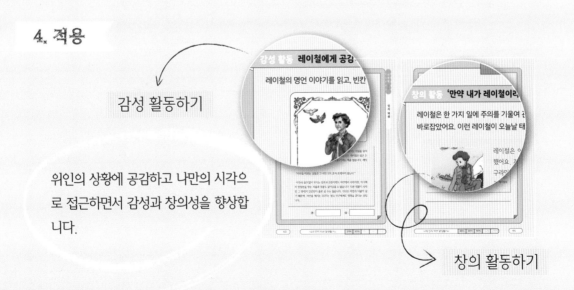

감성 활동하기

위인의 상황에 공감하고 나만의 시각으로 접근하면서 감성과 창의성을 향상합니다.

창의 활동하기

차례

E-CLIP 연구진
E-CLIP 소개
이 책의 구성과 특징

세계 위인과 함께 해결하는
자생력 UP 인지 미션

첫 번째 미션 나의 인지 알아보기 ·········· 16쪽

두 번째 미션 주의력과 집중력 기르기 ···· 24쪽

세 번째 미션 작업 기억력 활용하기 ······· 32쪽

스페셜 미션 나의 인지 보석 찾기 ·········· 40쪽

세계 위인을 만나는
자생력 UP 인지 이야기

역할극 이야기 및 역할극 대본 ····················· 52쪽

부록
미션 가이드

세계 위인과 함께 해결하는

자생력 UP

인지
미션

레이철 카슨과 함께 인지 보석을 모으자!

등장인물

마스터 송

생애 : 미스터리

국적 : 한국

직업 : 아이들이 미션을 해결하는 데
      도움을 주는 안내자

레이철 카슨

생애 : 1907~1964년

국적 : 미국

직업 : 작가, 해양 생물학자

주요 업적 : 《우리를 둘러싼 바다》,《바닷가》,
          《침묵의 봄》을 씀.

학습 미션

레이철 카슨과 함께 인지 보석을 모으자!

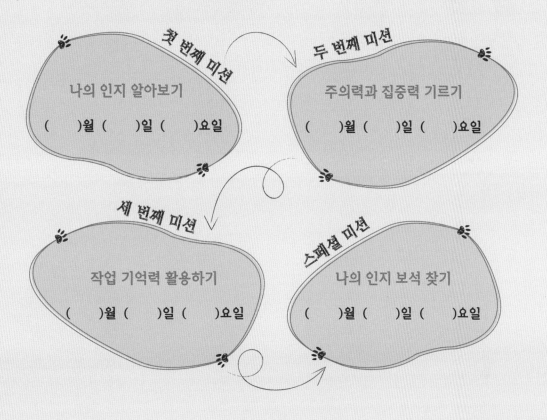

첫 번째 미션

나의 인지 알아보기

(　　)월 (　　)일 (　　)요일

두 번째 미션

주의력과 집중력 기르기

(　　)월 (　　)일 (　　)요일

세 번째 미션

작업 기억력 활용하기

(　　)월 (　　)일 (　　)요일

스페셜 미션

나의 인지 보석 찾기

(　　)월 (　　)일 (　　)요일

 위인 이야기

어린 시절, 바다를 상상하며 꿈을 키웠던 레이철 카슨. 자연을 사랑한 소녀의 마음은 과학을 공부하며 자연과 인간이 연결되어 있다는 깨달음으로 이어졌어요. 레이철은 환경 파괴를 지속하던 사람들에게 자연이 없이는 인간의 행복도 없다는 진실을 처음으로 일깨웠지요.

첫 번째 미션 나의 인지 알아보기

마스터 송

레이철 카슨은 자연 속에서 정보를 습득하고 깨달음을 얻으며 꿈을 향해 나아간 사람이에요. 레이철과 함께 인지가 무엇인지 알아보면서 미션을 해결해 보세요!

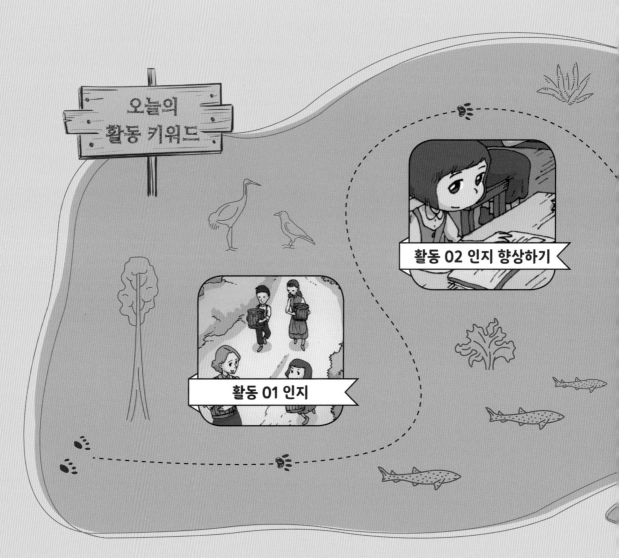

오늘의
활동 키워드

활동 02 인지 향상하기

활동 01 인지

미션을 해결하면 인지 보석을 획득할 수 있어요.
인지 보석을 모아서 E-CLIP 대원만 알 수 있는
마스터 송의 스페셜 미션을 받아 보세요.

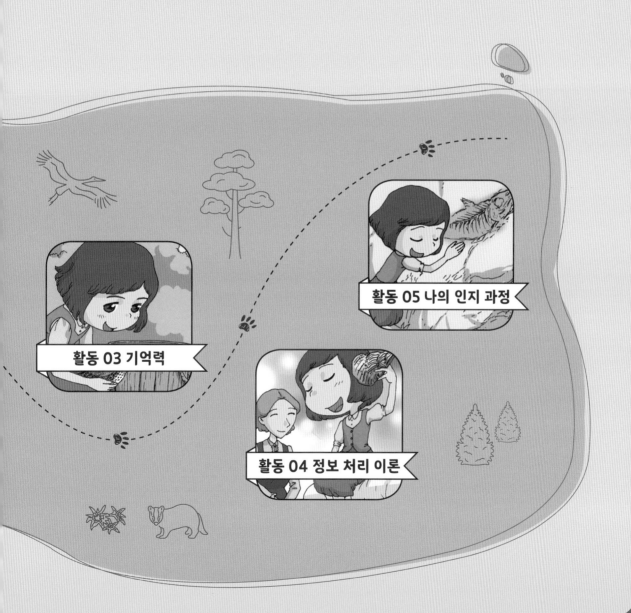

활동 03 기억력

활동 04 정보 처리 이론

활동 05 나의 인지 과정

활동 01 인지를 알아보자

커다란 숲이 있는 농장에서 태어난 레이철은 물을 뜨러 오가며, 엄마와 함께 노래를 이어 불렀어요. 레이철은 엄마의 노래를 듣고 기억했다가, 엄마가 앞 소절을 부를 때, 다음 소절을 떠올려서 이어 불렀지요.

해결 방법 : 나의 인지 알아보기

인지는 어떤 대상에 주의를 기울여 정보를 받아들여서, 저장하고 배우고 사용하는 머릿속의 과정이에요.

내가 좋아하는 노래 제목과 가수를 써 보세요.

제목 :

가수 :

이 노래가 들리면, 내 머릿속에서 노래를 어떻게 인지하는지 써 보세요.

예) 집중한다, 귀를 기울인다, 따라 부른다 등

_____

_____

_____

_____

_____

활동 02 인지를 높이는 활동을 해 보자

레이철은 궁금한 게 생기면 책에서 찾아보며 많은 지식을 얻었어요. 집중하여 책에서 정보를 얻고 깨닫는 인지 과정을 경험한 레이철은 자연스럽게 책과 가까워졌어요.

해결 방법 : 색 구분해서 읽기

사물에 주의를 기울여 정보를 얻고 익히는 인지 능력이 높으면, 원하는 일에 깊이 집중할 수 있고 다양한 방법으로 정보를 쉽게 외울 수 있어요. 또 여러 가지 공부 방법을 학습에 이용할 수도 있어요.

단어가 의미하는 색과 단어의 글자 색이 다른 '색 읽기 판'이에요. 첫 번째 단어의 글자 색은 무엇인지 빈칸에 써 보세요.

빨강	노랑	초록	파랑
보라	초록	주황	노랑
파랑	주황	빨강	파랑
노랑	빨강	보라	초록

단어의 글자 색에 집중해서 첫 번째 단어부터 순서대로 단어의 색을 이야기해 보세요.

자생력 UP

인지 미션

활동을 해결할 때마다 인지 보석을 획득할 수 있어요.

활동 03 나의 기억력을 알아보자

자연을 좋아하고 자연에 집중한 레이철은 숲에 사는 동물들의 이름을 모두 외웠어요. 레이철처럼 어떤 것을 집중해서 외워 본 적이 있나요?

해결 방법 : 그림 기억하기

인지 능력 중 하나인 기억력은 보거나 배운 내용을 일정 시간 동안 머릿속에 잘 보관했다가 필요할 때 떠올리는 능력이에요.

아래 그림을 30초 동안 본 다음, 그림을 가리고 문제를 풀어 보세요.

1. 그림을 떠올리며 그림 속 물건이 <u>아닌</u> 것을 골라 보세요.

① 　② 　③ 　④

2. 그림을 떠올리며 '레이철'이 어디에서, 무엇을 했는지 자세히 이야기해 보세요.

  　　활동을 해결할 때마다 인지 보석을 획득할 수 있어요. 　　20

활동 04 정보 처리 이론을 파헤쳐 보자

레이철은 바다에 관심이 많아서 소라에 귀를 대고 바닷소리를 듣곤 했어요. 눈, 코, 귀와 같은 감각 기관을 통해 받아들인 정보를 머릿속에서 어떻게 기억하는지 미션으로 알아보세요.

해결 방법 : 인지 과정 빈칸 채우기

기억은 어떤 과정을 거쳐 머릿속에 저장될까요? '학습한 내용이 어떤 순서로 머릿속에 들어오고, 기억되는지'를 컴퓨터가 정보를 받아들여서 처리하고 저장하는 데 빗대어 생각할 수 있어요. 이것을 '정보 처리 이론'이라고 해요.

인간의 머릿속 인지 과정을 컴퓨터의 정보 처리 과정과 연결한 표예요. 빈칸에 알맞은 내용을 보기 에서 찾아 써 보세요.

보기

· 머릿속에서 정보를 처리하고 중요한 정보를 기억해요.
· 눈, 코, 귀 등 감각 기관으로부터 정보를 받아들여요.
· 정보가 필요할 때 떠올려서 사용해요.

컴퓨터	키보드로 컴퓨터에 정보를 입력해요.	→	기억 장치에서 정보를 처리하고, 중요한 정보를 저장해요.	→	저장한 정보를 필요할 때 검색해요.
인간		→		→	

활동을 해결할 때마다 인지 보석을 획득할 수 있어요.

레이철은 바다로부터 멀리 살아서 책으로 바다를 보았어요. 책에서 물고기 화석을 본 레이철은 주변을 돌아다니며 진짜 화석을 찾았지요. 레이철은 실제 화석을 상자에 보관하고 화석이라는 정보도 머릿속에 저장했어요.

해결 방법 : 정보 처리 과정을 따라 나의 인지 과정 써 보기

인간의 정보 처리 과정은 감각 기억에서 정보를 받아들인 다음, 작업 기억에서 정보를 처리해 장기 기억에 저장하는 것이에요. 그리고 이 과정을 메타인지로 스스로 점검하고 조절해요.

정보 처리 과정을 보고, 나는 학습한 내용을 어떻게 기억하고 그 과정을 스스로 점검하는지 빈칸에 써 보세요.

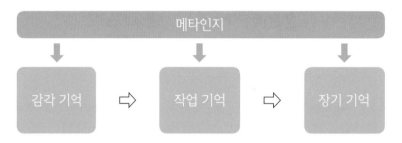

감각 기억 보고 듣고 만지는 등 감각을 통해 들어오는 정보를 일시적으로 가지고 있음.	작업 기억 어떤 한순간에 의식할 수 있는 정보 기억으로, 이때 정보 처리가 일어남.
장기 기억 무한한 정보를 영구적으로 저장할 수 있음.	메타인지 스스로 무엇을 아는지 모르는지 알고 인지 과정을 조절함.

미션 평가 미션을 잘 해결했는지 평가해 보자

첫 번째 미션을 잘 해결했는지 스스로 평가해 보세요.

평가 문항	매우 아니다	아니다	그저 그렇다	그렇다	매우 그렇다
1. 인지가 무엇인지 말할 수 있나요?					
2. 정보 처리 과정을 설명할 수 있나요?					
3. 나의 인지 과정에 관해 이야기할 수 있나요?					
4. 첫 번째 미션에 흥미를 가지고 참여했나요?					
5. 첫 번째 미션에 최선을 다하여 참여했나요?					

미션 완성 보석을 확인해 보자

활동을 해결하고 획득한 인지 보석을 활동 키워드에 맞게 붙여 보세요.

인지　　인지 향상하기　　기억력　　정보 처리 이론　　나의 인지 과정

활동을 모두 해결하면 인지 보석 5개를 모을 수 있어요. 보석을 모두 획득하면, 첫 번째 미션 칸에 미션 완성 도장을 찍어요! 보석을 모두 획득하지 못했으면, 그 활동으로 돌아가서 다시 학습해요.

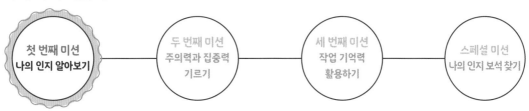

첫 번째 미션
나의 인지 알아보기

두 번째 미션
주의력과 집중력
기르기

세 번째 미션
작업 기억력
활용하기

스페셜 미션
나의 인지 보석 찾기

두 번째 미션 주의력과 집중력 기르기

마스터 송

레이철 카슨은 자연에 주의를 기울이고 집중해서 생물학을 학습했어요. 나의 주의력을 점검해 보고, 나는 어떤 일에 집중하는지 생각하면서 미션을 해결해 보세요!

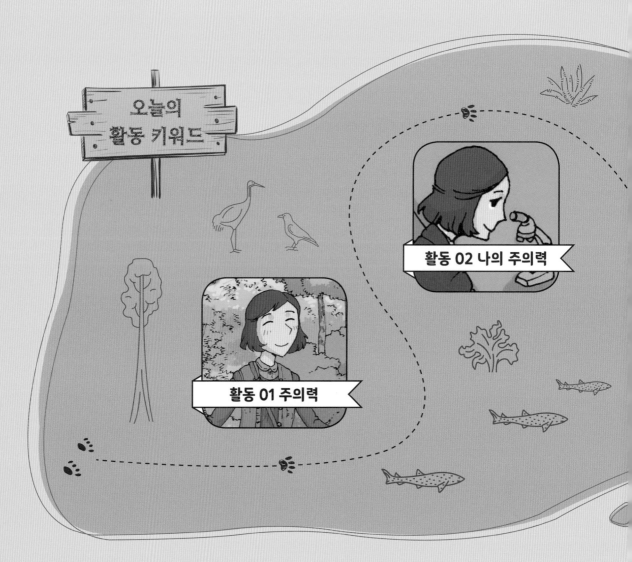

오늘의 활동 키워드

활동 02 나의 주의력

활동 01 주의력

미션을 해결하면 인지 보석을 획득할 수 있어요.
인지 보석을 모아서 E-CLIP 대원만 알 수 있는
마스터 송의 스페셜 미션을 받아 보세요.

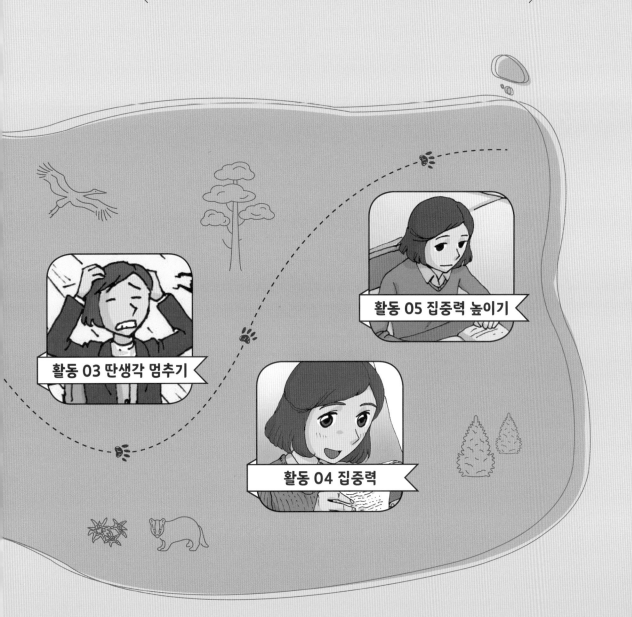

활동 05 집중력 높이기

활동 03 딴생각 멈추기

활동 04 집중력

활동 01 주의력을 알아보자

레이철은 어린 시절, 숲에서의 추억을 생물학 수업에서 배울 수 있었어요. 생물학 수업에 푹 빠진 레이철은 숲에 주의력을 쏟느라 주변에서 불러도 듣지 못했지요. 레이철을 떠올리며 나의 주의력을 생각해 보세요.

해결 방법 : 나의 주의력 알아보기

주의력은 감각 기관이 받아들이는 많은 정보들 중 한 가지 일에 마음을 기울여 집중을 유지하는 힘이에요.

평소 나의 모습을 찾아 ○표 하고, 나의 주의력을 알아보세요.

평소 나의 모습	아니다 (0점)	약간 그렇다 (1점)	그렇다 (2점)	매우 그렇다 (3점)
1. 차분하지 못하고 움직임이 많다.				
2. 쉽게 흥분한다.				
3. 주의를 기울이는 시간이 짧다.				
4. 계획한 일을 끝내지 못한다.				
5. 수업 시간에 안절부절못한다.				
6. 주변 소리에 쉽게 집중이 흐트러진다.				
7. 한 가지 일을 오래 하지 못한다.				
8. 책상에 앉아 있어도 집중을 잘 못한다.				
9. 방이 정리가 안 되어 있다.				
10. 수업 시간에 딴생각을 한다.				
	총점			

활동을 해결할 때마다 인지 보석을 획득할 수 있어요.

활동 02 주의력이 높으면 어떤 점이 좋은지 알아보자

레이철은 생물학에 주의력을 쏟으며 집중해서 학습했어요. 매일 자연과 함께 할 수 있기를 바라며 동물을 관찰하고 스케치 했지요.

해결 방법 : 나와 비슷한 친구 찾기

주의력이 높으면 하고자 하는 것에 선택적으로 집중할 수 있어서 학습 효율이 높아요. 불필요한 자극을 받아들일지, 흘려버릴지 선택할 수 있기 때문에 기억력도 좋아질 수 있어요.

아래 친구들을 살펴보며, 나는 어떤 친구와 비슷한지 그림 위에 동그라미 해 보세요.

주의력이 낮은 친구	주의력이 보통인 친구	주의력이 높은 친구
선호 : 시간이 왜 이렇게 안 가지? 성아는 무엇을 하고 있을까?	성아 : 공부를 해야 하긴 하는데…, 좋아하는 것만 하고 싶어.	윤아 : 공부가 정말 재미있어서 시간이 이렇게 많이 흐른 줄 몰랐어.

숙제를 하거나 공부를 할 때, 주의력이 높으면 어떤 점이 좋을지 이야기해 보세요.

활동을 해결할 때마다 인지 보석을 획득할 수 있어요.

활동 03 주의력을 방해하는 딴생각을 줄이자

레이철은 수업 시간에 글을 쓸 때, 쓸 내용이 떠오르지 않아 어려워하곤 했어요. 나의 생각을 글로 써야 할 때, 쓸 말이 떠오르지 않고 딴생각이 들었던 적이 있나요?

해결 방법 : 하나만 생각하기

누구나 공부하다가 딴생각을 할 수 있어요. 딴생각은 주의력에 방해가 되어 학습의 효율성을 떨어뜨려요. 딴생각을 줄이려 노력해야 효율성을 높일 수 있어요.

공부할 때, 떠오르는 딴생각은 무엇이 있는지 아래에 써 보세요.

_____

_____

아래 그림을 보면서 옆에 쓰인 단어를 1분 동안 계속 소리 내어 읽어 보세요. 다른 생각이 떠올라도 무시하고 아래 그림과 단어만 생각해요. 그런 다음, 1분 동안 딴생각을 하지 않고 집중했는지 이야기해 보세요.

오스트랄로피테쿠스

활동을 해결할 때마다 인지 보석을 획득할 수 있어요.

28

활동 04 집중력을 알아보자

글을 읽다가 바다를 주제로 한 시에 감동한 레이철은 친구에게 그 시를 읽어주며 바다를 상상하고 이야기하는 데 빠져들었어요. 레이철은 자연과 관련된 일이라면, 대부분 집중력을 쏟아부었지요.

해결 방법 : 틀린 그림 찾기

집중력은 한 가지 일에 모든 주의를 쏟아부어서, 정신을 하나로 집중하는 힘이에요. 학습을 할 때도 정신을 집중해야 학습 내용이 머릿속에 저장될 수 있어요.

아래 두 그림은 서로 다른 곳이 5군데 있어요. 그림을 살펴보며, 다른 곳을 찾아 동그라미 해 보세요.

숙제를 하거나 공부를 할 때, 나의 집중력은 높은지 낮은지 이야기해 보세요.

활동 05 집중력을 높이는 활동을 해 보자

레이철은 해양 연구소에서 일하면서 바다에 푹 빠졌어요. 레이철은 낮에는 연구소에서 실험을 돕고, 밤에는 도서관이나 수족관에서 자료를 수집하고 공부했지요. 레이철은 바쁜 환경에도 바다를 공부하는 데 집중했어요.

해결 방법 : 바꾸어 쓰고 바꾸어 읽기

집중력이 높으면 학습에 오랫동안 몰두할 수 있고, 주변 자극이나 불규칙적인 환경 요소들에 방해받지 않을 수 있어요.

우리가 알고 있는 단어를 다른 단어로 바꾸는 활동을 해요. 규칙에 맞게 아래 문장을 바꾸어 써 보세요.

규칙

산은 바다입니다.
바다는 구름입니다.
구름은 산입니다.

예) 바다에서 멀리 있는 산에 구름이 걸려 있습니다.
   구름에서 멀리 있는 바다에 산이 걸려 있습니다.

1. 아주 높은 산에 올라가 구름을 내려다보았습니다.

2. 바다 깊은 곳에도 산이 있다고 합니다.

위에서 바꾸어 쓴 문장만 보고 원래 단어로 다시 바꿔서 이야기해 보세요.

미션 평가 미션을 잘 해결했는지 평가해 보자

두 번째 미션을 잘 해결했는지 스스로 평가해 보세요.

평가 문항	매우 아니다	아니다	그저 그렇다	그렇다	매우 그렇다
1. 주의력이 무엇인지 말할 수 있나요?					
2. 집중력이 무엇인지 말할 수 있나요?					
3. 나의 주의력과 집중력에 관해 이야기할 수 있나요?					
4. 두 번째 미션에 흥미를 가지고 참여했나요?					
5. 두 번째 미션에 최선을 다하여 참여했나요?					

미션 완성 보석을 확인해 보자

활동을 해결하고 획득한 인지 보석을 활동 키워드에 맞게 붙여 보세요.

주의력	나의 주의력	딴생각 멈추기	집중력	집중력 높이기

활동을 모두 해결하면 인지 보석 5개를 모을 수 있어요. 보석을 모두 획득하면, 두 번째 미션 칸에 미션 완성 도장을 찍어요! 보석을 모두 획득하지 못했으면, 그 활동으로 돌아가서 다시 학습해요.

첫 번째 미션
나의 인지 알아보기

두 번째 미션
주의력과 집중력
기르기

세 번째 미션
작업 기억력
활용하기

스페셜 미션
나의 인지 보석 찾기

활동을 해결하면서 모은 인지 보석을 모두 붙여 보세요!

세 번째 미션 작업 기억력 활용하기

마스터 송

레이철 카슨은 진실을 알려 사람들이 잘못 알고 있던 정보를 바로잡을 수 있게 해 주었어요. 레이철과 함께 정보를 처리하고 수정하는 작업 기억에 관해 알아보면서 미션을 해결해 보세요!

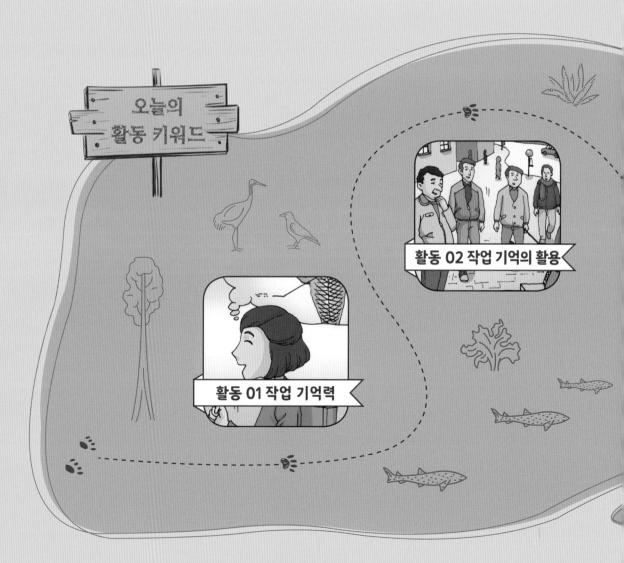

오늘의
활동 키워드

활동 02 작업 기억의 활용

활동 01 작업 기억력

미션을 해결하면 인지 보석을 획득할 수 있어요.
인지 보석을 모아서 E-CLIP 대원만 알 수 있는
마스터 송의 스페셜 미션을 받아 보세요.

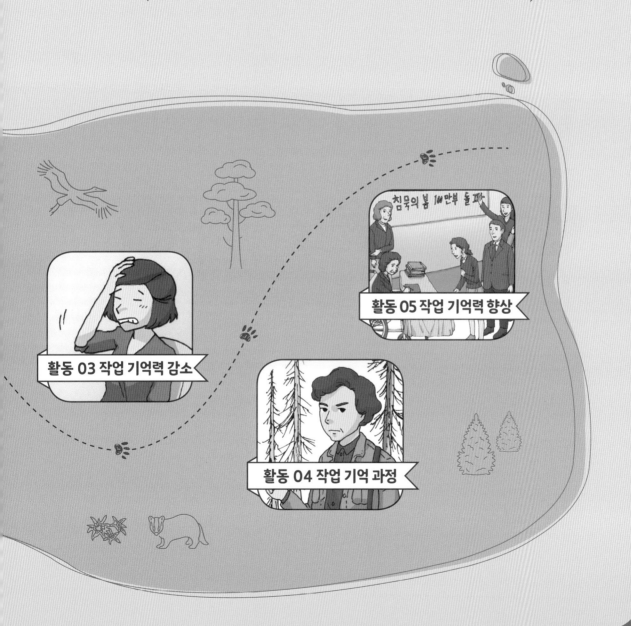

활동 03 작업 기억력 감소

활동 04 작업 기억 과정

활동 05 작업 기억력 향상

활동 01 작업 기억력을 알아보자

레이철은 도마뱀의 뇌에 관한 보고서를 써서 해양 연구소 박사들에게 인정받았어요. 레이철이 도서관과 수족관에서 찾은 정보를 연구해서 처리한 과정은 작업 기억을 이용한 것이에요.

해결 방법 : 일시적으로 기억하기

작업 기억력은 정보를 일시적으로 저장하고, 의식적으로 처리하는 능력이에요. 작업 기억은 학습한 내용을 장기 기억에 저장하도록 보내는 역할을 해요.

아래 그림과 글자를 10초 동안 살펴보세요. 그런 다음, 그림과 글자를 가리고 빈칸에 순서대로 써 보세요.

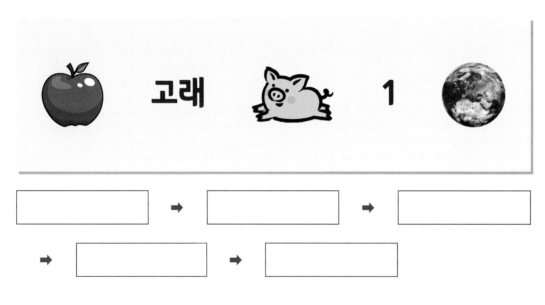

	→		→	

→ | | → | |

활동을 해결할 때마다 인지 보석을 획득할 수 있어요.

활동 02 작업 기억을 효과적으로 이용하자

레이철은 바닷속 물고기를 다룬 라디오 다큐멘터리 대본을 썼어요. 레이철은 쉽고 재미있게 바닷속의 새로운 정보를 알려 주었지요. 그래서 사람들은 다큐멘터리의 내용을 흘려버리지 않고, 다시 떠올리며 다음 이야기를 기다렸어요.

해결 방법 : 메모지 이용 방법 찾기

작업 기억은 짧은 시간 동안 정보를 저장하는 것이기 때문에 추가적인 처리 과정을 거치지 않으면, 장기 기억으로 옮겨지지 않고 사라질 수 있어요.

나의 작업 기억의 양이 메모지 1장이라면, 최대한 많은 정보를 저장하기 위해서 메모지를 어떻게 이용할 지 써 보세요.

어떻게 하면
작업 기억을
늘릴 수 있을까?

예) 메모지에 필요한 것만 쓴다.

_____

_____

_____

_____

활동을 해결할 때마다 인지 보석을 획득할 수 있어요.

자생력 UP

인지 미션

활동 03 작업 기억력에 영향을 주는 요인을 찾아보자

레이철은 바다에 관한 책을 내기로 했지만, 짧은 글만 써 봐서 한 권을 완성하기가 벅찼어요. 스트레스를 받으니 글쓰기가 점점 더 어려워졌지요. 이처럼 스트레스를 받으면 정보를 처리하기가 어려울 수 있어요.

해결 방법 : 숫자 골라내기

작업 기억력은 스트레스나 수면 부족 등 여러 환경 요인에 영향을 받아요. 외부 요인으로 내 머릿속의 메모지를 낭비하는 것이에요.

아래에서 수를 나타내는 것만 찾아서 동그라미 해 보세요. 예를 들어 '여섯'이라는 글자는 수를 나타내므로 동그라미를 해요.

1	가위	8	에이	육	고양이
네모	둘	세모	치킨	가방	줄
2020	별	K	사십삼	나무	고개
52	공룡	3	8	D	0
747	1004	레이철	강아지	십이	구

수를 나타내는 것만 찾아서 알맞게 동그라미 했는지 정답과 비교해 보세요. 정답을 맞혔으면 맞힌 이유를, 그렇지 않으면 아닌 이유를 오늘 나의 상태와 연결해서 써 보세요.

_____

_____

활동 04 작업 기억 과정을 알아보자

레이철은 DDT로 인해 자연이 파괴되는 것을 눈으로 직접 보고, 안전성을 의심했어요. 그래서 조사한 정보를 자신의 생물학 지식과 연결해 연구했지요. 그리고 마침내 DDT가 자연과 사람에게 해롭다는 것을 알아냈어요.

해결 방법 : 암산하기

작업 기억은 감각 기관에서 받아들인 정보를 처리해서 장기 기억에 새롭게 저장하거나 연결하는 역할을 해요. 작업 기억력이 우수한 사람들은 학습과 생활 전반에서 뛰어난 능력을 보여요.

수학 문제를 읽고, 암산으로 풀어 보세요.

1. 돼지는 다리가 4개, 꿩은 다리가 2개예요. 그리고 거미는 다리가 8개예요. 돼지 1마리, 꿩 1마리, 거미 1마리의 다리는 모두 몇 개일까요?

2. 레이철과 도로시는 다트 던지기를 해서 도로시는 50점, 레이철은 80점을 획득했어요. 선생님이 두 사람에게 다트 점수의 절반만큼만 과자를 준다고 할 때, 레이철이 받게 될 과자는 몇 개일까요?

3. 주전자 1개는 돼지 2마리이고, 돼지 1마리는 비행기 4대라는 규칙을 만들었어요. 그럼 주전자 1개는 비행기 몇 대일까요?

위의 문제를 풀면서 내 머릿속에서 어떤 인지 과정이 일어났는지 이야기해 보세요.

활동을 해결할 때마다 인지 보석을 획득할 수 있어요.

활동 05 작업 기억력을 높이는 활동을 해 보자

광고를 통해 DDT가 안전하다고 믿었던 사람들은 레이첼이 발표한 책과 방송으로 DDT의 해로움을 알게 되었어요. 사람들은 새로운 정보를 통해 자신이 알고 있던 정보가 잘못되었음을 깨닫고 수정할 수 있었지요.

해결 방법 : 그림으로 외우기

작업 기억력은 새로운 정보를 나에게 의미 있게 만들어서 알고 있는 정보와 연결하는 방법으로 높일 수 있어요. 또 받아들인 정보를 마음속으로 여러 번 반복해 보는 방법으로도 작업 기억력을 향상시킬 수 있어요.

아래 단어를 외워 보세요. 그리고 단어를 가리고 1분 뒤에 단어를 떠올려 말해 보세요.

자동차, 배, 종이, 신발, 물고기, 오징어, 사과

나의 상상력을 활용해서 아래 단어 7개를 하나의 그림으로 그려 보세요.

비행기, 귤, 나뭇잎, 튜브, 새, 벌레, 꽃

위의 그림을 가리고 1분 뒤에, 그림으로 그린 단어를 말해 보세요. 그리고 단어를 외우는 것과 그림을 외우는 것 중 어느 것이 더 외우기 쉬웠는지 이야기해 보세요.

미션 평가 미션을 잘 해결했는지 평가해 보자

세 번째 미션을 잘 해결했는지 스스로 평가해 보세요.

평가 문항	매우 아니다	아니다	그저 그렇다	그렇다	매우 그렇다
1. 작업 기억력이 무엇인지 말할 수 있나요?					
2. 작업 기억력에 영향을 주는 요인을 설명할 수 있나요?					
3. 나의 작업 기억력을 높이는 방법을 말할 수 있나요?					
4. 세 번째 미션에 흥미를 가지고 참여했나요?					
5. 세 번째 미션에 최선을 다하여 참여했나요?					

미션 완성 보석을 확인해 보자

활동을 해결하고 획득한 인지 보석을 활동 키워드에 맞게 붙여 보세요.

| 작업 기억력 | 작업 기억의 활용 | 작업 기억력 감소 | 작업 기억 과정 | 작업 기억력 향상 |

활동을 모두 해결하면 인지 보석 5개를 모을 수 있어요. 보석을 모두 획득하면, 세 번째 미션 칸에 미션 완성 도장을 찍어요! 보석을 모두 획득하지 못했으면, 그 활동으로 돌아가서 다시 학습해요.

활동을 해결하면서 모은 인지 보석을 모두 붙여 보세요!

스페셜 미션 · 나의 인지 보석 찾기

마스터 송

3가지 미션을 모두 해결하다니 대단해요. 앞의 미션을 완료한 대원에게 주는 마지막 스페셜 미션은 '나의 인지 보석 찾기'예요. 레이철 카슨과 함께 알아본 인지를 떠올리며 나의 인지를 완성해 보세요!

탐구 활동

레이철의 인지를 알아보자

감성 활동

레이철에게 공감하며 명언 카드를 완성해 보자

창의 활동

'만약 내가 레이철라면?' 상상해 보자

레이철의 인지를 정리하고, 나의 인지 보석 찾기와 연결해 보세요. 내가 어떤 일에 집중하고 어떻게 정보를 처리하는지 아는 것이 중요해요. 나의 인지가 세상에서 가장 소중한 나만의 보석이에요.

주도성 활동

나의 인지를 알아보자

향상 활동

나의 인지 능력을 판단해 보자

레이철을 인터뷰하고 있어요. 인터뷰를 읽고, 빈칸에 들어갈 대답을 이야기해 보세요.

안녕하세요, 레이철 작가님. 작가님께서는 DDT의 위험성을 발견해 환경 정책법까지 이끌어내셨는데, 위험성을 어떻게 발견하셨나요?

DDT를 뿌린 후, 새들이 죽고 나무는 말라가는 것을 보며 DDT의 안전성에 의문이 생겼습니다. 그래서 각종 자료와 피해 사례를 연구한 결과, DDT는 자연에 해로울 뿐만 아니라 사람의 몸에 들어가면 장기를 망가뜨리고 사람을 죽일 수 있다는 것을 알아냈습니다.

대단한 연구군요! 기업들이 이 연구를 바탕으로 쓴 책인 《침묵의 봄》의 출간을 반대했다던데, 그럼에도 책을 내신 이유는 무엇인가요?

그렇군요. 인터뷰 정말 감사드립니다. 마지막으로 작가님의 성공 비결은 무엇이었는지 한마디 해 주십시오.

제 성공 비결은 주변의 압력에도 굽히지 않는 의지입니다. 포기하지 않는 의지는 꾸준한 연구로 정보를 보완하고 수정하는 인지 과정에서 비롯되었습니다. 저는 사람들이 무수한 정보를 그대로 받아들이기 보다는 올바르게 처리하기를 바랍니다. 감사합니다.

자생력 UP

인지 미션

감성 활동 레이철에게 공감하며 명언 카드를 완성해 보자

레이철의 명언 이야기를 읽고, 빈칸에 알맞은 말을 써 보세요.

가 을 이루는 것들은
그 어떤 것도
나 존재하지 않는다.

레이철은 살충제로 쓰이는 DDT가 인간과 자연에 해롭다는 사실을 알리려 했지만, 어떤 잡지사도 기사를 실어 주지 않았습니다. 레이철은 많은 조사와 연구를 통해 근거를 찾았고, 《침묵의 봄》이라는 책을 썼습니다. 레이철은 책에 이런 말을 남겼습니다.

"자연을 이루는 것들은 그 어떤 것도 혼자 존재하지 않는다."

아무리 쓸모없어 보이는 잡초와 곤충이라도 자연에서 사라지면, 여기에서 영양분을 얻는 식물과 동물도 살아남을 수 없습니다. 다른 생물이 사라진 그 땅에서 인간만이 홀로 살 수는 없습니다. 인간은 자연과 더불어 살기 때문에, 자연을 해치는 DDT는 결국 인간에게도 영향을 준다는 것입니다.

가 : [   ]   나 : [   ]

레이철은 한 가지 일에 주의를 기울여 관찰하고, 잘못된 정보를 발견하면 문제를 바로잡았어요. 이런 레이철이 오늘날 태어났으면, 어떤 일을 했을지 써 보세요.

레이철은 어린 시절부터 자연과 함께하는 것을 좋아했어요. 자연에 항상 주의를 기울이고 자연에 관한 연구라면 집중력을 잃지 않았지요. 그래서 살충제 DDT를 뿌린 뒤, 망가진 자연을 보고 바로 의문을 가졌어요. 레이철은 자연에 집중해서 관찰하고 연구한 끝에, DDT의 해로움을 알아냈지요.

아래와 같은 상황에서 내가 레이철이라면 어떻게 했을지 써 보세요.

레이철은 살충제 DDT의 위험성을 알리기 위해 조사 결과를 정리해서 잡지사들을 찾아다녔어요. 하지만 DDT 제조 회사의 광고를 싣고 있는 잡지사들은 손해와 소송을 걱정했고, 어떤 잡지사도 기사를 실어 주지 않았어요. 게다가 DDT에 대한 과학적 근거를 더 모으며 연구를 하던 레이철에게 시련이 계속 찾아왔어요. 레이철의 어머니가 돌아가셨고, 레이철은 암 말기 진단을 받았지요.

주도성 활동 나의 인지를 알아보자

자연에 주의를 기울이고 연구해서 살충제 DDT의 문제점을 사람들에게 알린 레이철의 인지 과정을 떠올려 보세요. 그리고 나는 정보를 어떻게 받아들이고 처리하는지 알아보세요.

1. 스마트폰 또는 컴퓨터를 이용해서 좋아하는 인물과 관련된 기사를 인터넷에서 검색해 보세요. 그리고 그중 하나를 골라 아래에 제목을 써 보세요.

   _____

   _____

2. 기사 내용 중 내가 새롭게 알게 된 정보를 아래에 쓰고, 그 정보에 주의를 기울여 기사를 다시 읽어 보세요.

   _____

   _____

3. 나는 기사의 정보를 어떻게 받아들이고 이해했는지, 머릿속의 인지 과정을 그려 보세요.

나의 인지 미션 달성률(%) | 20% | 40% | 60% | 80% | 100%

향상 활동 나의 인지 능력을 판단해 보자

미션을 해결하면서 인지 능력 중 주의력, 집중력, 작업 기억력을 알아보았어요.
나의 인지 능력은 1점~9점 중 몇 점인지 각각 동그라미 해 보세요.

1. 주의력

2. 집중력

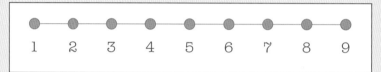

3. 작업 기억력

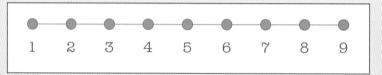

위에서 판단한 나의 인지 능력을 각각 아래에 막대 그래프로 그려 보세요. 그리고
나의 인지 능력이 인지 프로그램 전과 어떻게 달라졌는지 이야기해 보세요.

나의 인지 능력 그래프

9
8
7
6
5
4
3
2
1

주의력   집중력   작업 기억력

미션 평가 미션을 잘 해결했는지 평가해 보자

스페셜 미션을 잘 해결했는지 스스로 평가해 보세요.

평가 문항	매우 아니다	아니다	그저 그렇다	그렇다	매우 그렇다
1. 레이철의 인지를 설명할 수 있나요?					
2. 나의 인지 과정을 설명할 수 있나요?					
3. 인지 능력이 어떻게 변했는지 말할수 있나요?					
4. 스페셜 미션에 흥미를 가지고 참여했나요?					
5. 스페셜 미션에 최선을 다하여 참여했나요?					

미션 완성 미션을 확인해 보자

활동을 모두 해결하면 스페셜 미션 칸에 미션 완성 도장을 찍어요! 활동을 모두 해결하지 못했으면, 그 활동으로 돌아가서 다시 학습해요.

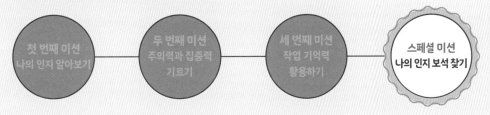

이 단원에서 해결한 인지 미션을 떠올리며, 나의 자생력은 무엇인지 이야기해 보세요. 자생력은 인공지능과 다른 인간만의 고유한 특성으로, 스스로 주도해서 자아실현의 길로 나아가는 힘이에요. 나는 어떤 일에 스스로 집중해서 정보를 처리해 나가나요?

* 레이철 카슨과 함께 인지를 알아보았어요. 레이철과 같은 위인이 인지 대회에 참가한다면 어떤 일이 일어날까요? 내가 직접 위인이 되어 역할극을 하면서 위인의 마음을 생각해 보세요.

* '세계 위인을 만나는 자생력 UP 인지 이야기'에서는 마리아, 파인먼, 다빈치가 위인 세계에 모여서 인지와 관련된 이야기를 나누고 문제를 해결해 나가요. 이는 허구적인 내용을 바탕으로 '위인은 인지를 어떻게 학습할까?'에 대해 상상하여 쓴 창작 대본이에요.

세계 위인을 만나는

자생력 UP

인지
이야기

위인이 되어 역할극을 해 보자!

등장인물

마스터 송

생애 : 미스터리

국적 : 한국

직업 : 아이들이 미션을 해결하는 데
도움을 주는 안내자

마리아 몬테소리

생애 : 1870~1952년

국적 : 이탈리아

직업 : 교육자, 의사

주요 업적 : 몬테소리 교육법 창시자, 이탈리아 최초의 여의사

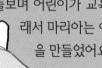 위인 이야기

어려서부터 세상에 꼭 필요한 사람이 되고 싶었던 마리아는 이탈리아 최초의 여성 의사가 되었어요. 그리고 어린 환자들을 돌보며 어린이가 교육으로 바뀔 수 있다는 것을 알았지요. 그래서 마리아는 어린이를 위한 집과 어린이를 위한 교육법을 만들었어요.

리처드 파인먼

생애 : 1918~1988년

국적 : 미국

직업 : 물리학자

주요 업적 : 1965년 노벨 물리학상 수상

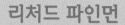 위인 이야기

호기심 많았던 꼬마 파인먼은 궁금한 것이 있으면 직접 해결하려 했어요. 어릴 적에는 기계의 원리를 파헤쳐 라디오 수리공으로 이름을 알렸지요. 어른이 되어서는 어려운 과학을 보다 쉬운 방법으로 사람들에게 전달한 과학의 전도사이자, 20세기 최고의 물리학자가 되었어요.

레오나르도 다빈치

생애 : 1452~1519년

국적 : 이탈리아

직업 : 화가, 과학자

주요 업적 : 〈최후의 만찬〉, 〈모나리자〉를 그린 르네상스
　　　　　　대표 예술가

위인 이야기

다빈치는 천재적인 미술가이자, 과학자이자, 기술자이자 사상가였어요. 〈최후의 만찬〉, 〈모나리자〉 등 이름만으로도 경이로움을 주는 미술 작품을 남겼으며, 건축학과 해부학에서도 명성을 떨쳤지요. 항상 완벽을 위해 노력한 그의 태도는 누구에게든 본보기가 되었어요.

바이러스를 무사히 없애고 평화를 되찾은 위인 세계에는 여러 위인이 모여 재미있게 지내고 있다. 그러던 어느 날, 마스터 송이 인지 대회를 열어 우승한 위인에게 큰 상품을 준다는 소식이 퍼진다. 이 소식을 들은 마리아와 파인먼, 다빈치 등 여러 위인이 인지 대회에 모여들고, 모두가 인지 대회의 우승을 강력히 원하는 가운데 인지 대회가 시작된다.

역할극 대본

 (우렁찬 목소리로) 위인 여러분, 잘 있었나요? 오늘은 인지 대회가 열리는 날입니다. 모두 모였나요?

마스터 송

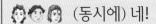 (동시에) 네!

모두

위인들이 대답을 마치자, 마스터 송이 손가락을 '딱!' 부딪히는 소리와 함께 불이 꺼진다.

 (깜짝 놀라며) 어?

파인먼

마리아

불이 꺼졌어!

마스터 송

어두워서 앞이 보이지 않는 상황입니다. 위인 여러분은 방울을 찾아 흔들어 주세요! 방울은 구린 냄새가 나는 곳에 있습니다.

파인먼

(표정을 찡그리며) 정말 어디선가 이상한 냄새가 나잖아.

다빈치

(진지한 표정으로) 저 냄새를 빨리 찾아야겠어!

위인들은 모두 후각에 집중해서 움직인다.

마리아

이쪽인 것 같은데…, (기쁜 목소리로) 찾았다!

딸랑딸랑 방울 소리가 나고, 꺼졌던 불이 모두 켜진다. 전광판에 '마리아 +1점'이라고 뜬다.

마스터 송

1라운드 주제는 주의력이었습니다.
주의력은 여러 가지 일 중에서 한 가지를
선택해 집중을 유지하는 것입니다.
모두 다른 생각은 하지 않고 후각에 주의를
기울여 방울을 찾으러 갔습니다. 그리고 가장
주의력이 높은 마리아 선수가
먼저 방울을 찾았군요.

역할극을 따라 하면서 인지를 학습할 수 있어요.

다빈치

(미소를 지으며) 오~, 마리아. 제법인데?

파인먼

(부러워하며) 다음에는 내가 점수를 얻겠어! 마스터 송, 다음 라운드는 무엇인가요?

마스터 송

2라운드 주제는 집중력입니다.

마리아

집중력은 모든 주의를 쏟아서 정신을 하나로 모으는 힘이죠?

마스터 송

(웃으며) 맞습니다. 이번에도 마리아가 기대되는군요. 이번 라운드에는 각자 한 가지 일을 정해서 그 일을 계속하세요. 그리고 저의 방해를 견디며 집중하면 됩니다.

파인먼

그럼 저는 물리학 공부를 하겠어요.

다빈치

저는 조각상을 만들게요.

마리아

(고민하다가) 음…, 그럼 저는 수학 문제를 풀게요.

마스터 송

모든 위인들이 할 일을 정했군요. 그럼 시작!

마스터 송이 시작을 외치자, 갑자기 바람이 불고 비가 내린다.

역할극을 따라 하면서 인지를 학습할 수 있어요.

마리아
(놀라며) 앗, 펜이 날아갔어요.

 파인먼
(당황하며) 책이 젖어서 글자가 안 보여요!

 마스터 송
(박수를 치며) 이런 상황에도 꼼짝하지 않고 집중하는 위인이 있군요. 아주 훌륭합니다.

마스터 송의 손짓에 바람과 비가 멈춘다. 전광판에 '다빈치 +3점'이라고 뜬다.

 다빈치
(신난 목소리로) 우아, 3점!

 마스터 송
이제 다음 라운드로 갈까요? 3라운드는 메모지 게임입니다.

 다빈치
(자신 있는 목소리로) 메모지라면 다음 주제는 작업 기억력이군요?

 파인먼
(궁금한 표정으로) 작업 기억력?

 다빈치
응, 기억력에는 단기 기억력과 장기 기억력이 있는데, 그중 단기 기억력에 해당하는 작업 기억력은 우리의 모든 행동을 처리하는 아주 중요한 인지 영역이야.

역할극을 따라 하면서 인지를 학습할 수 있어요.

마리아

그게 메모지랑 무슨 관련이 있는데?

다빈치

(빙그레 웃으며) 작업 기억력은 짧은 시간 동안 정보를 기억해서 처리하는 것이라서 메모지에 비유되곤 해. 한정된 양만 기억할 수 있는 거지. 사람마다 기억의 크기가 다르고 쓰는 방법도 다르지.

마스터 송

다빈치가 아주 잘 설명해 주었어요. 우리는 자신의 메모지를 이용하는 작업 기억력 게임을 할 거예요. 1분 동안 10개의 단어를 모두 외운 다음, 보지 않고 써 보세요. 자신이 기억한 단어의 수만큼 점수를 획득할 수 있습니다.

파인먼

좋아, 암기라면 자신 있지!

마리아

(힘찬 목소리로) 나도 지지 않는다고!

마스터 송이 단어 10개를 1분 동안 보여주고 가린다.

단어

영어, 숫자, 한글, 망원경, 책, E-CLIP, 이름, 스마트폰, 종이, 신발

마스터 송

(메모지를 나눠 주며) 메모지에 외운 단어를 모두 써 보세요.

파인먼 (골똘히 생각하며) 음, 영어, 숫자….

마리아 (찡그린 표정으로) 하, 기억이 나지 않아.

마스터 송이 종을 치고 메모지를 모두 걷어 간다.

마스터 송 단어를 모두 확인한 결과, 무려 8개의 단어를 외운 파인먼이 3라운드에서 8점을 획득했습니다. 이 뒤를 바짝 쫓은 다빈치가 7점, 마리아가 5점이군요. 여기에 앞 라운드 점수까지 합산한 결과, 총 10점으로 이번 인지 대회의 우승자는 레오나르도 다빈치입니다! 축하드립니다. 우승 상품은 인지 능력을 향상시킬 E-CLIP 책과 트로피입니다.

다빈치 우아, 감사합니다! 저의 인지 능력을 이렇게 인정받는군요. 이건 모두 마리아와 파인먼이 함께 인지 공부를 해 준 덕분이에요. 앞으로 E-CLIP 책으로 인지를 심화해서 더 알아볼게요.

자생력 UP

인지 이야기

역할극을 따라 하면서 인지를 학습할 수 있어요.

마스터 송

마리아
몬테소리

리처드
파인먼

레오나르도
다빈치

※ E-CLIP 미션의 문제에는 여러 가지 답이 나올 수 있습니다. 본 미션 가이드는 참고용으로 활용하시길 바랍니다.

※ 교사용 개념과 지도 가이드가 포함된 교사용 PDF는 다산전인교육캠퍼스 홈페이지(www.dasaneducation.co.kr)에서 교사 인증 후 신청하실 수 있습니다.

1차시

18쪽
- (예시) 제목 : Dynamite, 가수 : BTS
- (예시) 귀 기울여 듣고 머릿속으로 노래를 따라 한다. 머릿속에서는 노래 제목을 들으면 노래를 떠올리도록 멜로디와 가사를 기억한다.

19쪽
- 주황
- 주황, 보라, 파랑, 초록, 빨강, 노랑, 파랑, 파랑, 보라, 보라, 초록, 노랑, 빨강, 주황, 빨강, 주황

20쪽
- 1. ③
2. 레이철은 실험실에서 현미경으로 생물을 관찰하고 있다.

21쪽
- 눈, 코, 귀 등 감각 기관으로부터 정보를 받아들여요. 머릿속에서 정보를 처리하고 중요한 정보를 기억해요. 정보가 필요할 때 떠올려서 사용해요.

22쪽
- (예시) 감각 기억 : 영어 단어를 눈으로 본다.
작업 기억 : 영어 단어를 소리 내서 읽고, 뜻을 이해한다. 반복해서 읽으며 단어의 뜻과 발음을 장기 기억으로 보낸다.
장기 기억 : 영어 단어를 완벽히 암기한다. 영어 문장을 읽다가 암기한 단어를 발견하면, 뜻을 기억해서 말할 수 있다.
메타인지 : 내가 외운 영어 단어와 외우지 못한 영어 단어를 안다.

2차시

26쪽
- (길잡이) 'o표'를 한 점수를 더해서 총점에 써 주세요. 총점 0~10점은 '낮음', 11~20점은 '보통', 21~30은 '높음' 수준의 주의력을 나타내요.

27쪽
- (예시) 주의력이 높은 친구
- (예시) 주의력이 높으면 다른 것은 신경 쓰지 않고, 숙제에만 집중할 수 있다. 그래서 숙제를 꼼꼼하고 빠르게 할 수 있다.

28쪽
- (예시) 친구와 게임하고 싶다. 오늘 간식은 무엇일까?
- (예시) 주어진 단어만 1분 동안 생각하니, 이 단어에만 집중하게 돼서 다른 생각이 들지 않았다.

29쪽

- (예시) 수학 공부를 하는데, 며칠 전에 본 만화가 떠오르는 걸 보니 나는 집중력이 낮은 것 같다.

30쪽
- 1. 아주 높은 바다에 올라가 산을 내려다보았습니다.
2. 구름 깊은 곳에도 바다가 있다고 합니다.
- 아주 높은 산에 올라가 구름을 내려다보았습니다. / 바다 깊은 곳에도 산이 있다고 합니다.

3차시
34쪽
- 사과, 고래, 돼지, 1, 지구

35쪽
- 메모지에 글자를 더 많이 쓰기 위해, 단어의 첫 글자만 따서 쓴다. / 메모지를 1장을 더욱 크게 하기 위해, 퀴즈와 수수께끼를 풀면서 작업 기억을 늘리는 연습을 한다.

36쪽
- '1, 8, 육, 둘, 2020, 사십삼, 52, 3, 8, 0, 747, 1004, 십이, 구'에 동그라미
- (예시) 어제 잠을 충분히 자서 정답을 정확히 맞힐 수 있었다.

37쪽
- 1. 14개
2. 40개
3. 8대
- (예시) 문제의 정보를 받아들인 다음, 기존에 알고 있던 덧셈과 뺄셈 등을 이용해서 답을 계산했다.

38쪽
- (길잡이) 한 번에 기억할 수 있는 단어의 개수가 작업 기억력 양이에요. 나의 작업 기억력은 어떤지 생각해 보세요.
- (예시) 꽃이 그려진 비행기에 튜브가 걸쳐져 있고, 그 위에 벌레를 문 새가 올라가 있으며, 엔진에 귤이 있고, 나뭇잎이 비행기의 날개가 되는 등 단어들을 하나로 그린 그림
- (예시) 내가 그린 그림이 머릿속에 떠올라서 단어만 순서대로 외우는 것보다 그림으로 그려서 외우는 것이 더 쉬웠다.

4차시

42쪽

- DDT 제조 회사가 퍼뜨린 잘못된 정보를 바로잡아서 사람들이 올바르게 생각하길 바라는 마음으로 이 책을 출간했습니다.

43쪽

- ㉮ 자연, ㉯ 혼자

44쪽

- (예시) 망가진 자연의 모습을 SNS를 통해 널리 알려, 다른 과학자들과 소통하며 연구했을 것이다.
- (예시) DDT 제조 회사들이 무섭고, 이런 현실이 답답해서 포기했을 것이다.

45쪽

- (예시) 조앤 롤링 / 조앤 롤링의 '성탄 선물' 같은 동화
- (예시) 조앤 롤링이 쓴 새 어린이 소설 《크리스마스 피그》가 최근 한국을 비롯한 세계 20개의 나라에서 동시에 출간됐다.
- (예시) 기사의 새로운 정보가 머릿속으로 들어와서 내가 알고 있는 정보와 연결되는 그림

46쪽

- (길잡이) 앞의 활동을 참고해서 나의 각 능력은 몇 점인지 동그라미 해 보세요.
- (예시) 인지 프로그램을 한 이후, 주의력과 집중력이 많이 향상되었다.

세계 위인과 함께 해결하는 E-CLIP 미션 대탐험

학습 만화 《who?》의 세계 위인과 함께 미션을 해결하는
12권의 '감성적 창의 주도성' 향상 프로그램!

E-CLIP 구성

권	주제	각 권 대표 위인	이야기 속 위인
1	동기	알렉산더 플레밍	에이브러햄 링컨, 찰스 다윈, 레이철 카슨
2	인지	레이철 카슨	레오나르도 다빈치, 리처드 파인먼, 마리아 몬테소리
3	인지 심화	마리아 몬테소리	토머스 에디슨, 오리아나 팔라치, 루트비히 판 베토벤
4	동기 심화	루트비히 판 베토벤	마하트마 간디, 버지니아 울프, 정약용
5	몰입	정약용	하인리히 슐리만, 아멜리아 에어하트, 헬렌 켈러
6	자아존중감	헬렌 켈러	알베르트 슈바이처, 신사임당, 스티브 잡스
7	창의성	스티브 잡스	헬렌 켈러, 알렉산더 플레밍, 스티브 잡스
8	창의성 심화	알베르트 아인슈타인	스티브 잡스, 레이철 카슨, 알베르트 아인슈타인
9	감성	마더 테레사	알베르트 아인슈타인, 루트비히 판 베토벤, 마더 테레사
10	감성 심화	월트 디즈니	마더 테레사, 정약용, 월트 디즈니
11	사회성	세종 대왕	월트 디즈니, 마리아 몬테소리, 세종 대왕
12	사회성 심화	마하트마 간디	세종 대왕, 마하트마 간디

* E-CLIP / 대상 초등학교 전 학년 / 책 크기 200 X 260 / 각 권 쪽수 70쪽 내외
* who? / 대상 초등학교 전 학년 / 책 크기 188 X 255 / 각 권 쪽수 180쪽 내외